さきたま文庫

慈《じ》恩《おん》寺《じ》

［改訂版］

文・写真●新井浩文

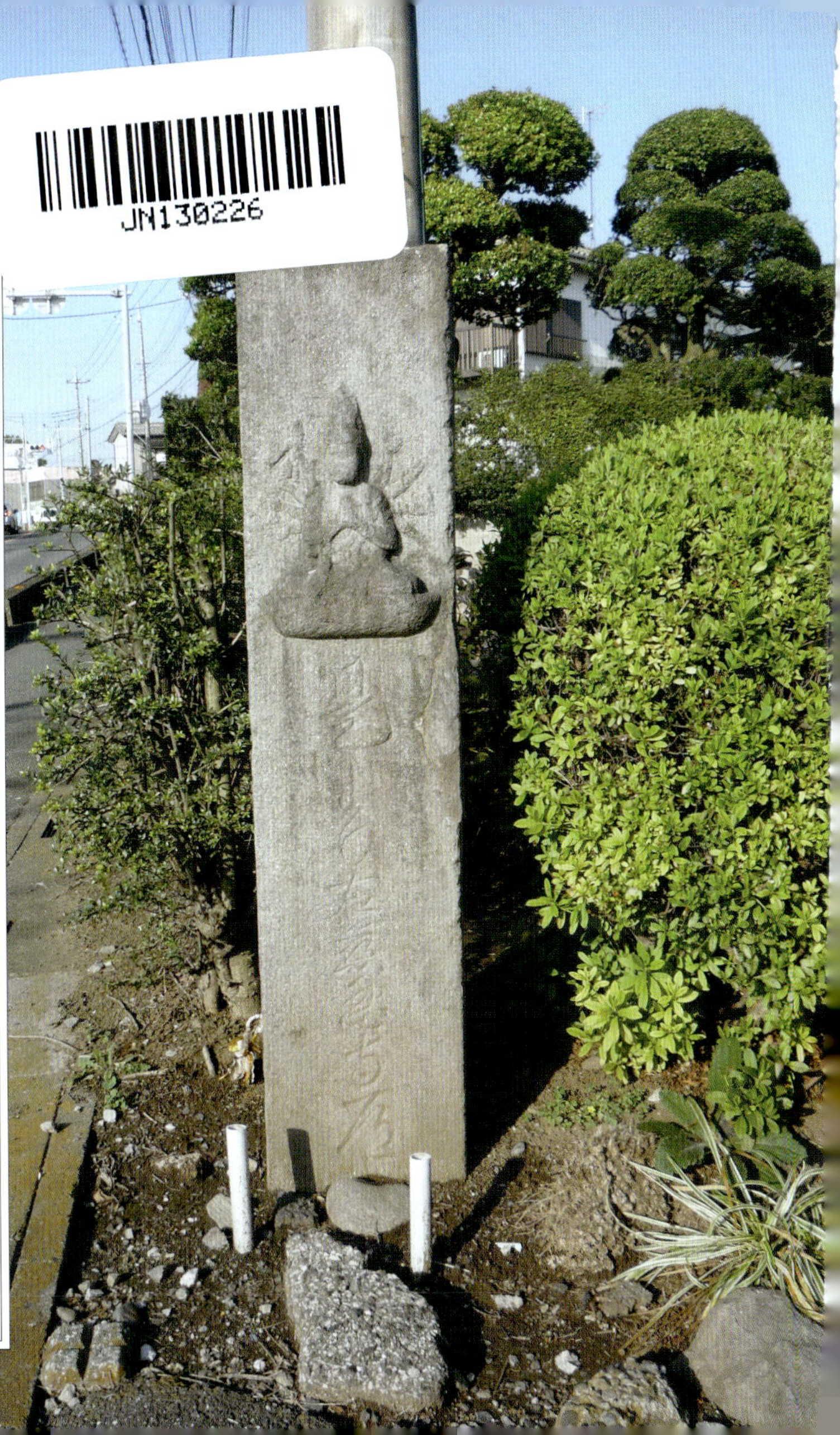

千手観世音菩薩　六観音（聖・千手・馬頭・十一面・不空羂索・如意輪）の一つ。通常は四十の手、掌中に各一眼を持ち、一手ごとに二五の願いを救うといわれる。頭上に九面または十一面を持つ。

重要文化財木造地蔵菩薩立像と慈恩寺本尊の関係　「野島の地蔵尊」で知られる越谷市野島曹洞宗浄山寺の木造地蔵菩薩立像が東日本大震災で倒壊、修理の際の調査で文化財的価値が確認され、平成二八年（二〇一六）に国の重要文化財に指定されたが、同寺の「縁起」である寛政五年（一七九三）「野島浄山寺口伝書」にも慈恩寺本尊の由来が書かれている。

それは、慈覚大師が日光から投げた李（すもも）の根から慈恩寺本尊観音像、中程から野島慈福寺（浄山寺）本尊地蔵尊、梢から慈林寺（川口市）本尊薬師如来と一本の李の木から三体の仏像が造られたというものである。慈覚大師の伝承を語る上で極めて興味深い縁起である。

開基　慈覚大師

慈恩寺は華林山《かりんざん》最上院《さいじょういん》ともいい、天台宗の寺院であり、本尊に千手観音像を納める。歴史的にみると、鎌倉時代に成立した坂東《ばんどう》三十三番札所巡礼の十二番札所として、関東近郊のみならず全国から信者が詣でることで、その名を広く知られている古刹《こさつ》である。

慈覚大師像

本堂

本尊 千手観世音菩薩坐像

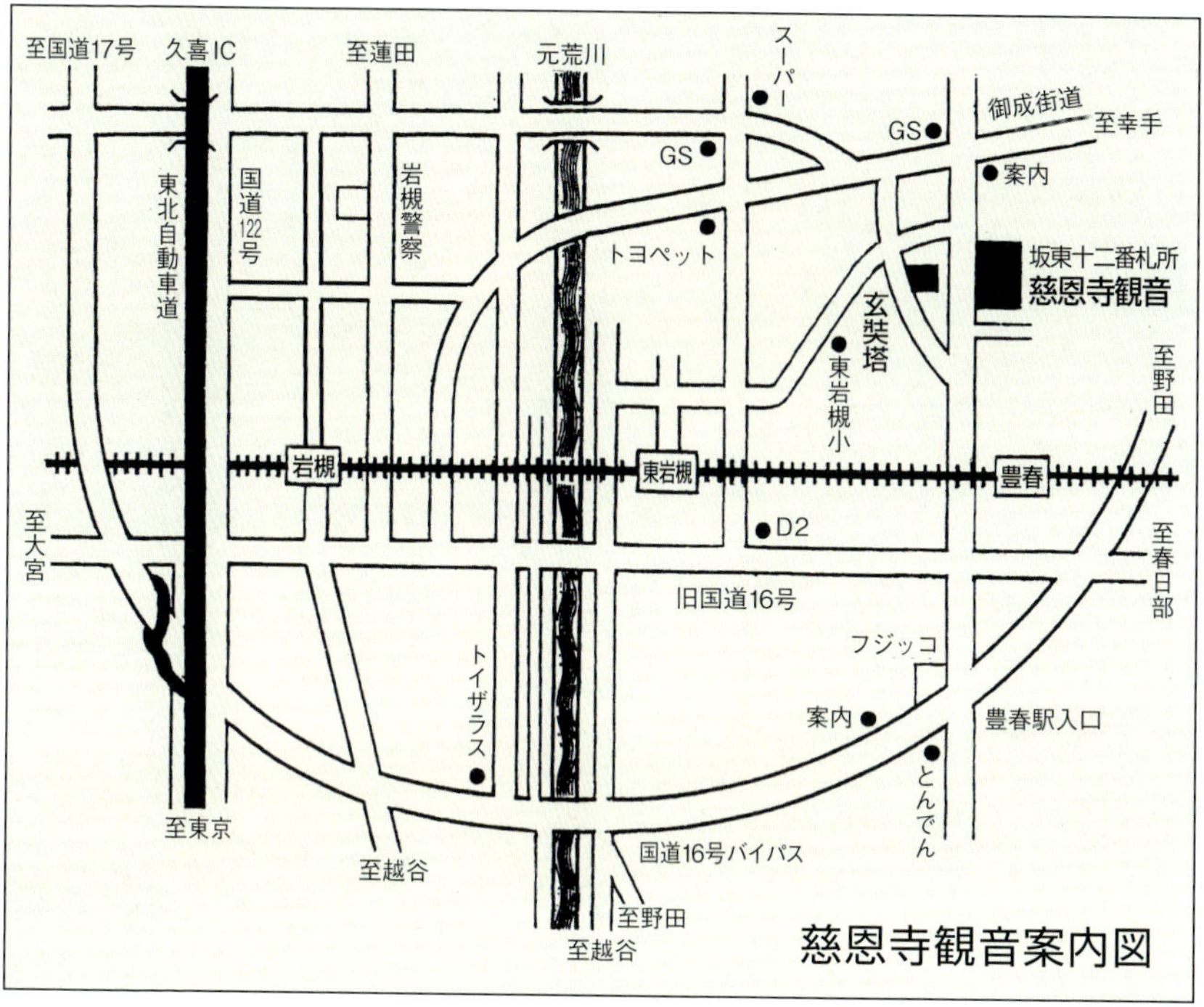
慈恩寺観音案内図
至国道17号
久喜IC
至蓮田
元荒川
スーパー
御成街道
至幸手
GS
GS
案内
東北自動車道
国道122号
岩槻警察
トヨペット
坂東十二番札所
慈恩寺観音
玄奘塔
東岩槻小
至野田
岩槻
東岩槻
豊春
至大宮
D2
至春日部
旧国道16号
フジッコ
トイザラス
案内
豊春駅入口
とんでん
至東京
国道16号バイパス
至越谷
至野田
至越谷

慈恩寺遠景

天台宗山門派　延暦二四年（八〇五）、最澄によって日本に伝来した仏教。一〇世紀末に比叡山延暦寺を中心とする山門派と園城寺（三井寺）を中心とする）寺門派に分かれた。

慈恩寺は天長元年（八二四）、慈覚大《じかくだい》師円仁《しえんにん》により開かれた寺である。円仁（七九四〜八六四）は、平安時代前期の僧で延暦寺《えんりゃくじ》第三世座主、天台宗山門派《さんもんは》の祖として名高い。大師の出身は下野《しもつけ》国《のくに》の豪族壬生《みぶ》氏であるといわれる。大師が下野出身で幅広い宗教活動を行ったことで、関東北部から奥羽地域一帯には、民間信仰に関する大師の伝説が数多く残されており、その名前が寺社縁起の類に

山門

伝教大姉（最澄）天台登山之図（奉納額）

登場する例も珍しいことではない。ことに慈恩寺は早くから天台宗の有力寺院として栄えたため、大師との関わりは深く、慈恩寺という名前も大師が入唐求法《にっとうぐほう》の時に遊学した中国の長安（現西安）にある大慈恩寺にちなんで命名したことに起因している。

また慈恩寺の縁起について記された「華林山慈恩寺縁起」には大師が毘沙門《びしゃもん》天《てん》のお告げにより、大杉の霊木から千手観音像を彫刻して慈恩寺の本尊として崇《あが》めたことが述べられており、当寺と大師に関わる伝説を今に伝えている。

入唐求法　唐国に入り、仏法を求めること。最澄の遺志を受け承和五年（八三八）に円仁が入唐求法を行った際には「入唐求法巡礼行記」が記された。

長安（現西安）　中国陝西省の省都西安の古称。漢・唐などの首都。シルクロードの起点となる国際都市でかつて遣唐使も到来した。

華林山慈恩寺縁起　文化四年（一八〇七）正月に書かれた縁起。慈恩寺蔵。

鐘楼

開山堂

日光道中絵図巻３（国立公文書館蔵）
に描かれた慈恩寺と参詣道
天保14年（1843）

本堂彫刻 獅子

本堂彫刻 七福神

参詣道入口

坂東十二番札所

慈恩寺はその成立である古代において関東有力の寺院であったが、中世になり観音信仰が盛んになると、坂東観音札所三十三番の一つに加わった。中世においてもその勢力の大きかったことが窺《うかが》える。

観音札所信仰は、平安時代成立の西国札所三十三番を皮切りに、鎌倉時代成立の坂東札所三十三番、そして戦国時代に秩父札所三十四番が成立し、天文《てんぶん》年間（一五三二～一五五五）以降、この三カ

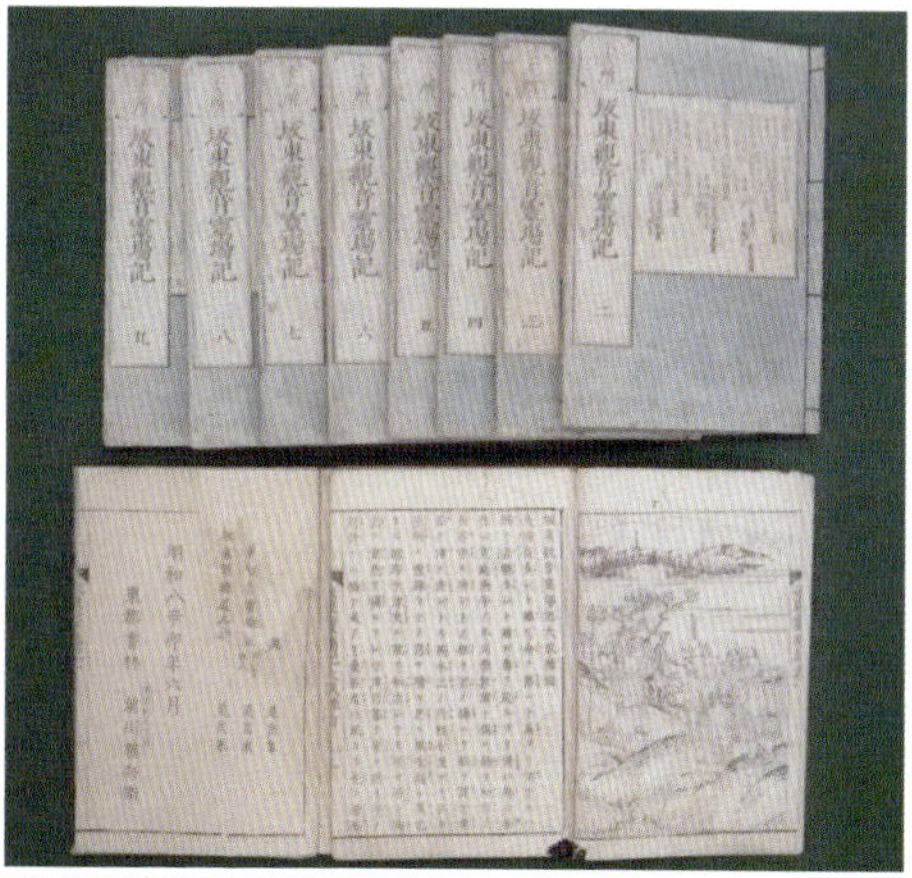

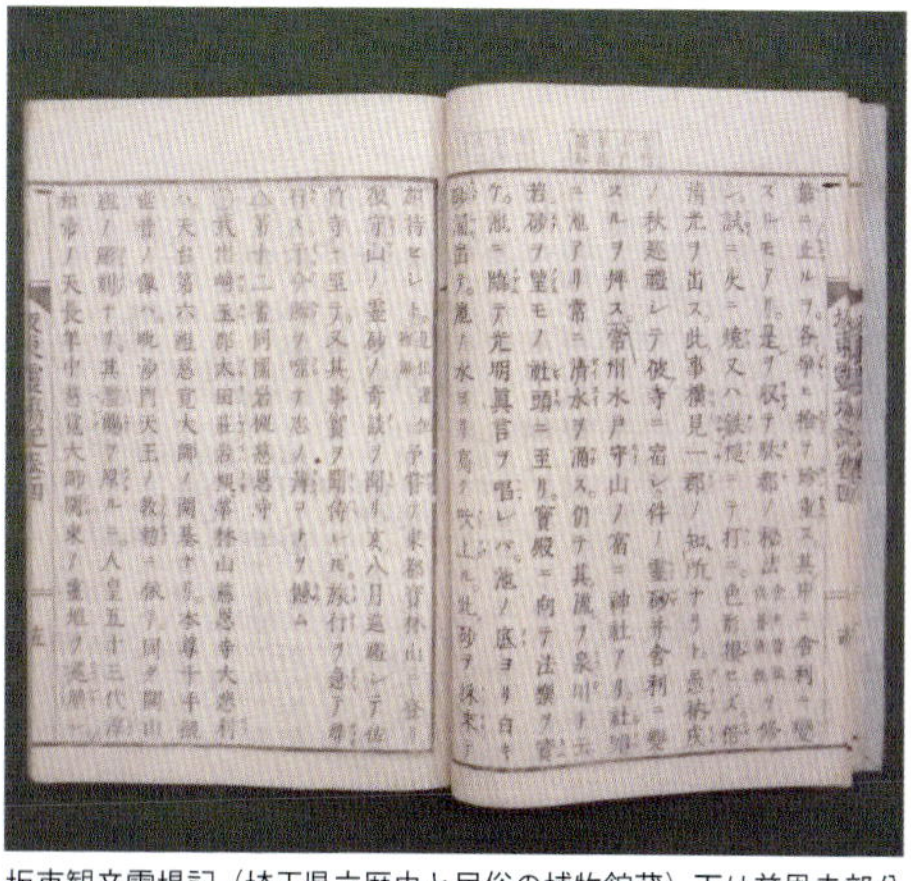

坂東観音霊場記（埼玉県立歴史と民俗の博物館蔵）下は慈恩寺部分

観音札所信仰　観世音菩薩に対する信仰により観音像を祀る札所を巡礼する風習が起こった。坂東札所三十三番の成立は鎌倉時代といわれ、県内には、ここ十二番慈恩寺の他に、九番慈光寺（ときがわ町）、十番岩殿正法寺（東松山市）、十一番安楽寺（吉見町）がある。

慈恩寺の仏師大進　加須市龍蔵寺（浄土宗）の県指定阿弥陀如来立像の胎内墨書銘には、「永仁元（一二九三）癸巳十一月廿八日、奉造立阿弥陀如来像一躯、大勧進性信上人御門弟別当唯信（花押）、仏師武州慈恩寺大進（花押）、画工上野国江田明信（花押）、同工同国板倉信証（花押）」とあり、親鸞の高弟である性信上人の門弟である唯信が慈恩寺の仏師大進に依頼して奉納したことがわかる。

所を合わせて三国百番巡礼が行われ、以後江戸時代になると大いに盛んとなった。慈恩寺はこの坂東札所三十三番のうち十二番札所として今日に至っている。

慈恩寺の観音信仰にまつわる霊験譚《れいげんたん》としては、近世中期に刊行された『坂東観音霊場記』（亮盛《きょうしょう》法印《ほういん》著）に、永正年中（一五〇四～一五二一）松山宿（東松山市）に住む寺嶋善六《てらしまぜんろく》が、臨終に際して慈恩寺に妻子を代参させたところ、極楽往生が遂げられたという話が述べられている。

また、この時期に慈恩寺は、文亀《ぶんき》三年

頼印僧正と慈恩寺御厩瀬渡し

永徳元年（一三八一）一〇月、鎌倉公方足利氏満が「太田庄慈恩寺」別当職に遍照院僧正頼印を補任（「神田孝平氏旧蔵文書」）、同三年四月一一日「慈恩寺領武蔵国太田庄花積郷内御厩瀬渡並船」が渋江加賀入道に押領される事件に対して、頼印の訴えにより氏満は渋江の押領を退けるよう壱岐弾正大夫希広らに命じる。希広は渡場と船とを頼印の雑掌に打ち渡した（同年五月八日）。

御厩瀬渡（みまやせのわたし）は古隅田川の渡しで、奥大道（鎌倉街道中道）の渡河点であったとされており、慈恩寺が通行税として関銭を徴収していた。

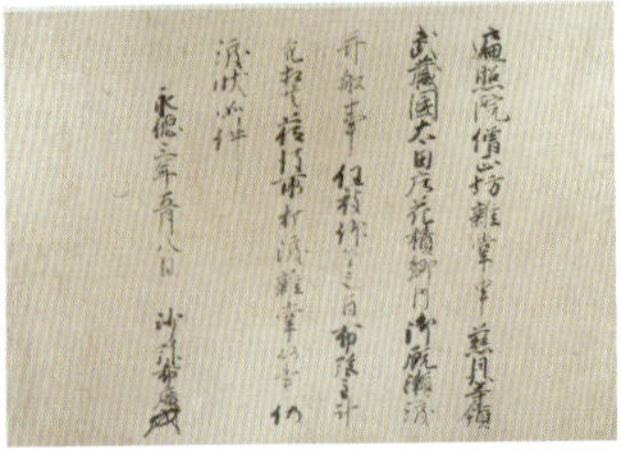

慈恩寺御厩瀬渡関係文書（鎌倉国宝館蔵）

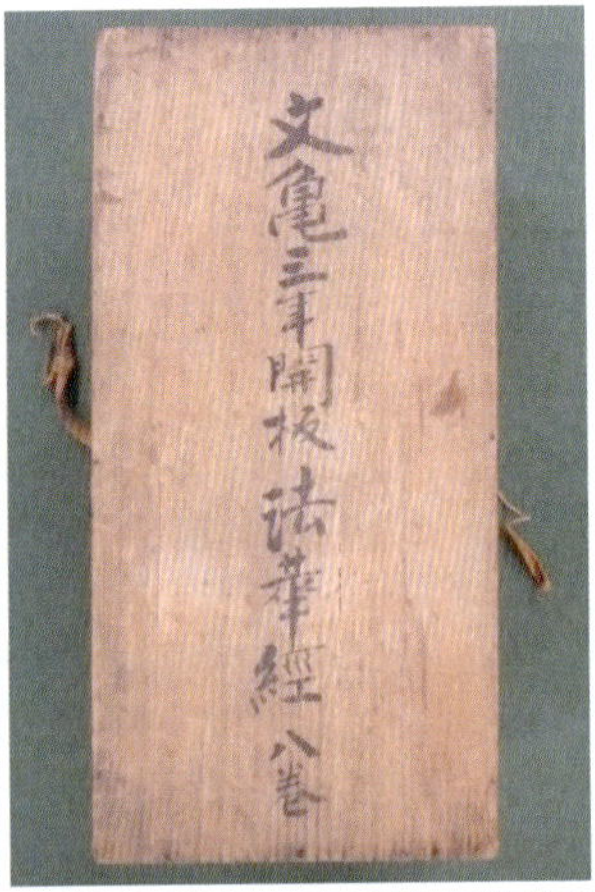

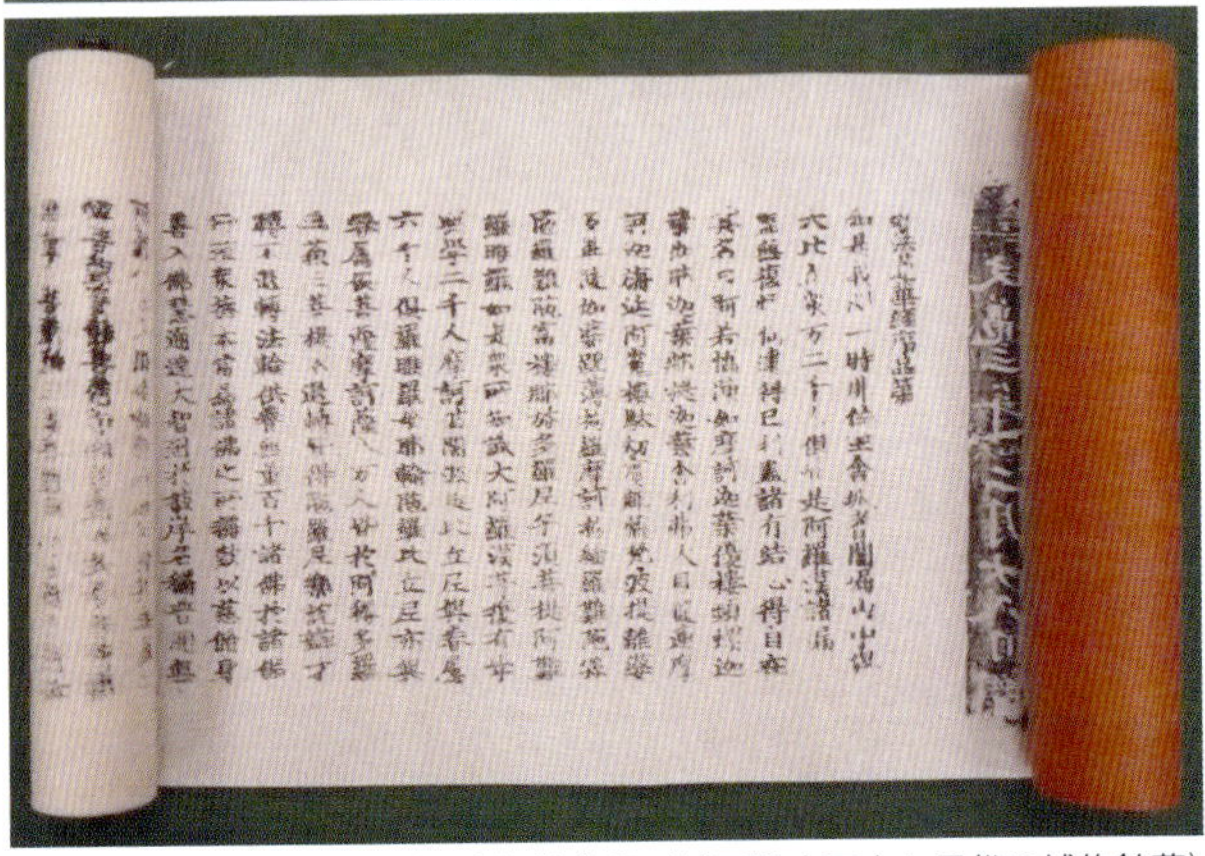

慈恩寺版法華経（埼玉県立歴史と民俗の博物館蔵）

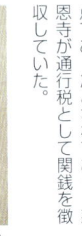

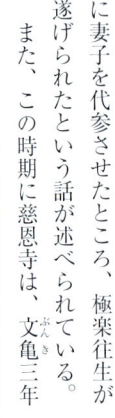

（一五〇三）から永正《えいしょう》三年（一五〇六）にかけて同寺の塔頭《たっちゅう》幡《はた》ケ《が》崎坊《さきぼう》において法華経の開板を行っている。この時の版木五三枚は現在川口市の新光寺《しんこうじ》に保存されており、後に、この版木によって刷られた法華経の一部が、現在埼玉県立歴史と民俗の博物館と慈恩寺に収蔵されている。

巡礼者奉納額　嘉永５年（1852）８月吉祥日

巡礼者奉納額　安政７年（1860）正月吉日

在地領主の保護

中世における慈恩寺には本坊四二坊・新坊二四坊の合わせて六六坊もの塔頭が存在したが、岩付周辺に古くから勢力を持っていた渋江氏らの在地土豪層や破戒《はかい》僧《そう》らに支配されており、慈恩寺の支配はかなり入り乱れている状態にあった。

塔頭　大寺に所属する小寺院。

開板　教典を木版刷すること。

破戒僧　仏教において、戒律を受けたにもかかわらず、その戒法に違反した僧。その多くは破門、追放となった。

岩付太田氏と小田原北条氏

太田氏は、太田道灌の養子にあたる資家（すけいえ）の代から資頼（すけより）―全鑑（ぜんかん）―資正（すけまさ）と続いたが、資正の代に敵対関係にあった小田原北条氏に資正の長男氏資（うじすけ）が懐柔（かいじゅう）されたため、この氏資の代より、北条氏の支配下となった。

この状態を沈静化させ慈恩寺の支配権を回復させたのが、岩付太田氏であった。天文一八年（一五四九）九月三日に岩付城主の太田資正《すけまさ》が慈恩寺 衆《しゅう》徒《と》中《ちゅう》へ宛てた文書によると、それまで慈恩寺六六坊の内、渋江氏や破戒僧によって支配されていた一八坊を資正の代をもって慈恩寺へ寄付し、以後、慈恩寺領を六六坊とすると書かれている。当時で六六坊もの塔頭を有していたことからも、慈恩寺がいかに広大な寺院であったかが窺えよう。

その後、慈恩寺領は岩付太田氏から小田原北条氏の支配に移った。その支配を伝えるものに、天正一七年（一五八九）

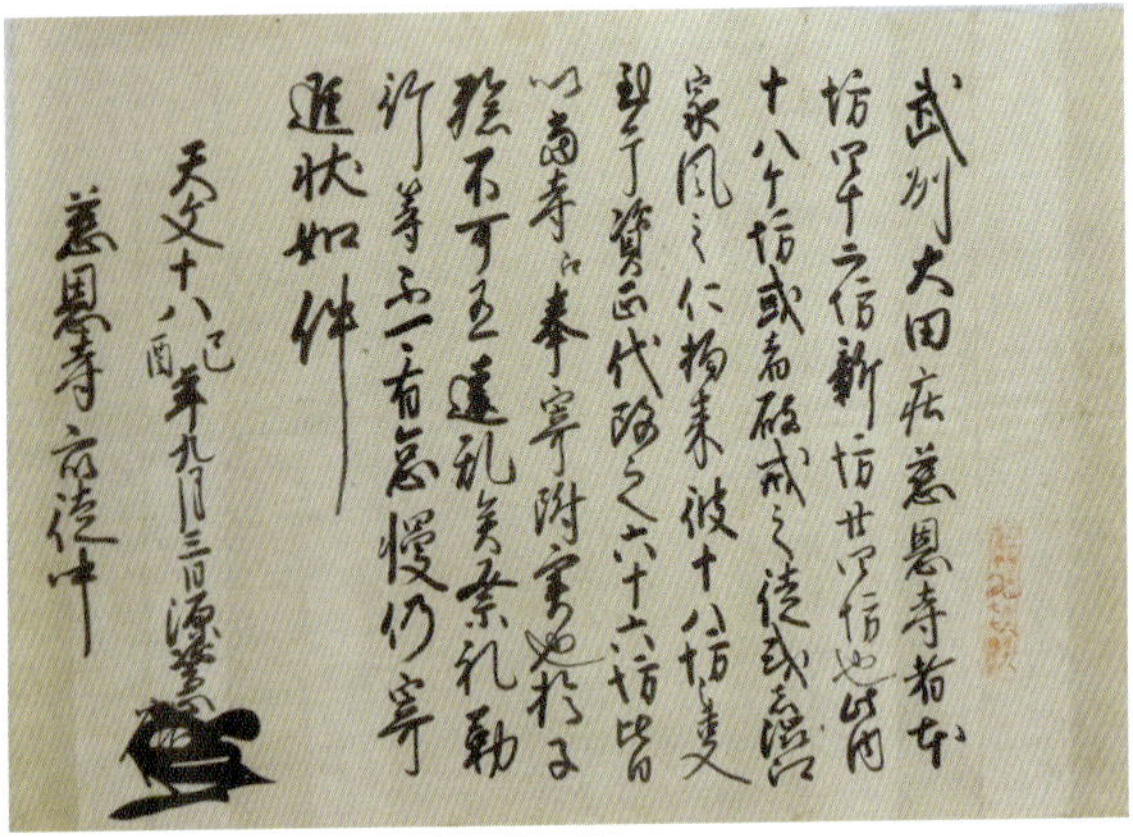

太田資正寄進状　天文18年9月3日

武州太田庄慈恩寺者、本
坊四十二坊・新坊廿四坊也、此内
十八ヶ坊或者破戒之徒、或者渋江
家風之仁拘来、彼十八坊之事、
致于資正代改之、六十六坊皆
以當寺江奉寄附実也、於子
孫不可有違乱矣、祭礼勤
行等、不可有怠慢、仍寄
進状如件
天文十八己酉年九月三日源資正（花押）
慈恩寺衆徒中

南蛮鉄灯籠銘文

扶桑国関以東、武州路騎西郡
岩付爰慈恩教寺者、光世音大
士古道場也、爰関東副元帥弟
北条氏房為岩付城主、其股肱
臣伊達与兵衛房実者慈恩寺雑
掌也、命金工鋳籠灯一箇建彼
堂前、加施抛銭、為燈明萬代
不滅計、伏願国界安寧、唱太
平之歌風雨調順、得万民之楽
君臣道合、子孫日多、文武山
高、福寿海深、遂一得十徳、
作一偈代、其銘曰
　遐宮鋳之又施銭煌々日夜在
堂前、即今看々然燈仏一段光
明世界千
　天正十七年己丑五月如意日
　　伊達与兵衛尉房実施焉

に岩付城主北条氏房《うじふさ》の家臣であった伊達《だて》与兵衛房実《よへえふさざね》によって、慈恩寺に寄進された南蛮鉄灯籠《なんばんてつどうろう》がある。この灯籠には「天《てん》下太平万民豊楽《かたいへいばんみんほうらく》」の願いをこめた文字が「蝋付け《ろうづ》」と呼ばれる技法によって鋳られており、当時の武士の信仰を偲《しの》ぶことができる。なお、この一年後に岩付城は豊臣秀吉軍の小田原攻めに際し、大軍に攻められ落城する。

南蛮鉄灯籠

南蛮鉄灯籠銘文(部分)

徳川家康と慈恩寺

天正一八年（一五九〇）、豊臣秀吉の命により徳川家康が関東に入り、関八州の支配を開始するが、その民心の懐柔《かいじゅう》政策の一環として、有力寺院に所領の寄《き》進《しん》を実施した。

この時に交付された寄進状をベースに代々の歴代将軍が朱印状を発給している。慈恩寺にもこの寄進状が家康によって、天正一九年（一五九一）一一月に交付されている。この寄進状によると、慈恩寺の石高は百石で、当時の寺領としてはかなり高いものであった。

慶長八年（一六〇三）江戸幕府が成立すると、家康は全国支配の一環としてさらに寺院の統制を進めるが、その基本法令ともいえる「寺院法度《じいんはっと》」を有力寺院に対して発する。

この「寺院法度」は、慶長六年（一六〇一）から元和二年（一六一六）にかけて各宗派の本山格寺院に対して出されたもので、真言・天台・禅・浄土の宗派に

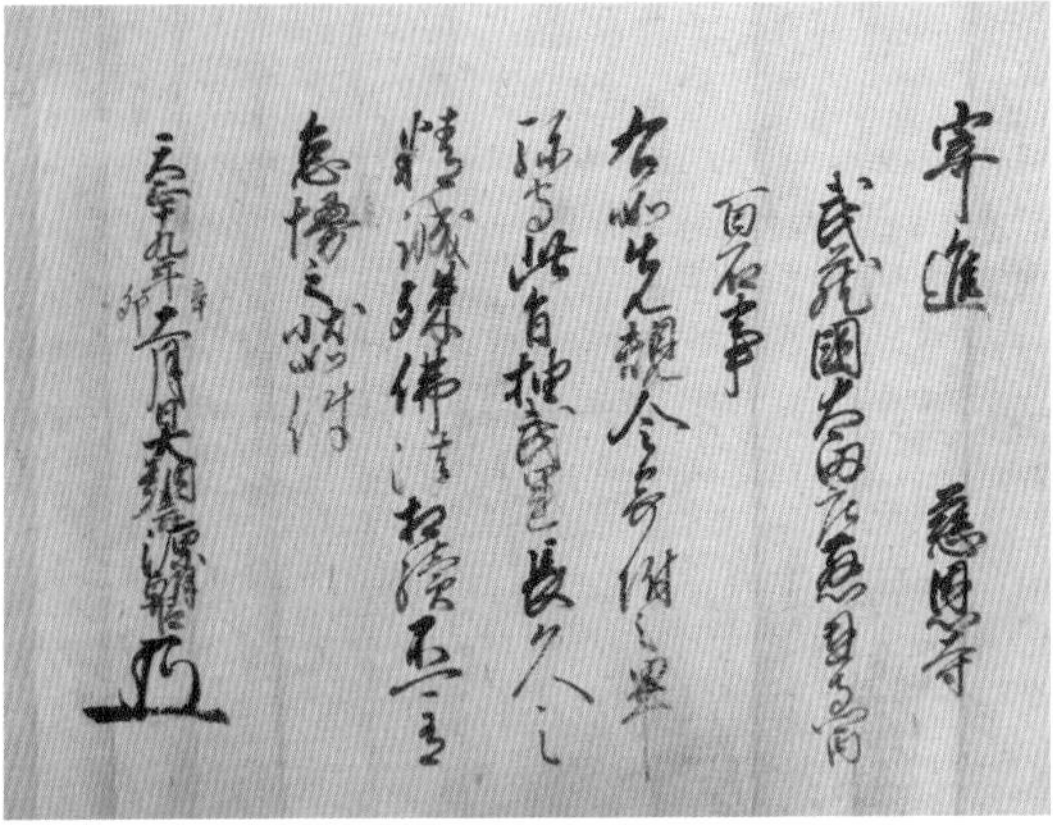

徳川家康寄進状　天正19年11月

豊臣秀吉　（一五三七～一五九八）戦国・安土桃山時代の武将。織田信長に仕え、本能寺の変後に四国・北国・九州・関東・奥羽を平定して天下統一を果たした。

徳川家康　（一五四二～一六一六）江戸幕府初代将軍。秀吉の死後五大老となり、慶長五年（一六〇〇）の関ケ原の戦いを経て天下を統一する。遺言により久能山に葬られたが、元和三年（一六一七）に東照大権現の勅号を受け、日光山に葬られた。

限定されていた。慈恩寺に対しては、慶長一八年（一六一三）二月二八日に「武《む》蔵国太田庄《さしのくにおおたのしょう》慈恩寺法度」として発せられている。その内容は、三ヶ条からなり、第一条で学頭《がくとう》が法度を下知すべきことを定め、第二条で公用の造営をはじめとする寺内の家屋管理は学頭の指示に従うこと、第三条では、寺院に対して中世以来、与えられてきた特権である山林竹木等に対する課役免除《かやくめんきょ》に関することが述べられている。この法度は各宗派の本山格の寺院に与えられた後に、その配下の本末関係寺院に伝達された。

なお、寛永一一年（一六三四）の火災で本堂が焼失、現在の本堂は天保一四年（一八四三）のものである。また、本尊

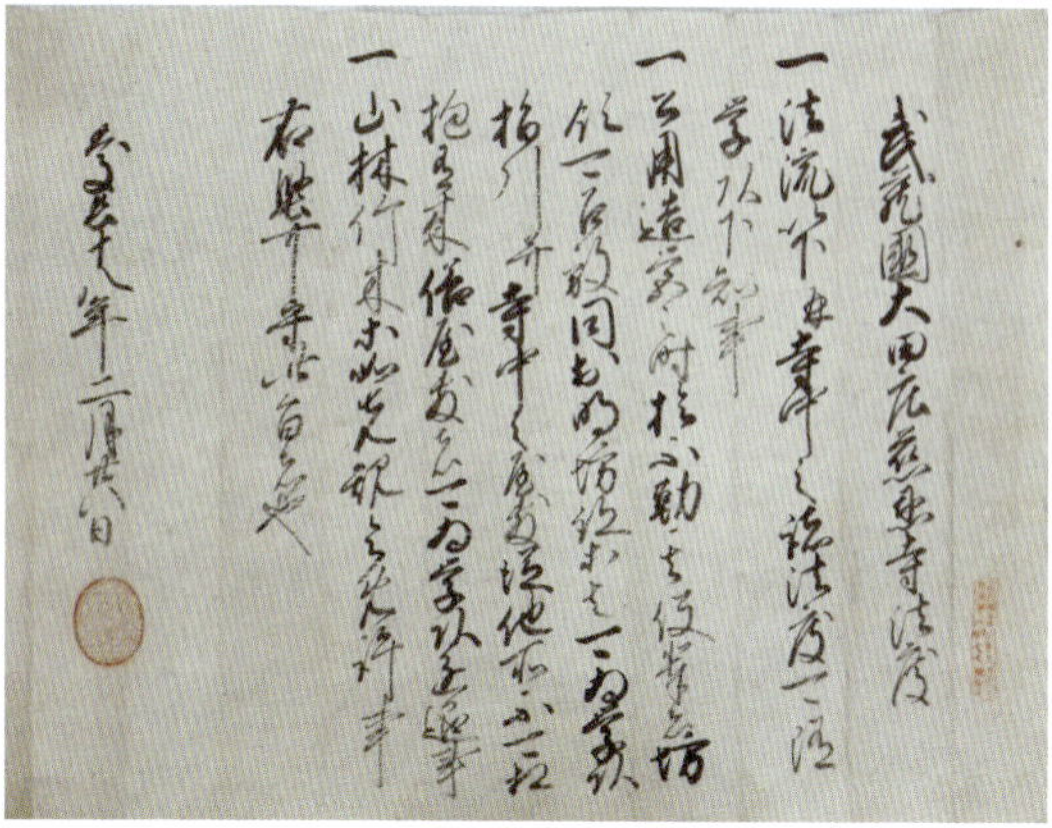
武蔵国太田庄慈恩寺法度　慶長18年2月28日

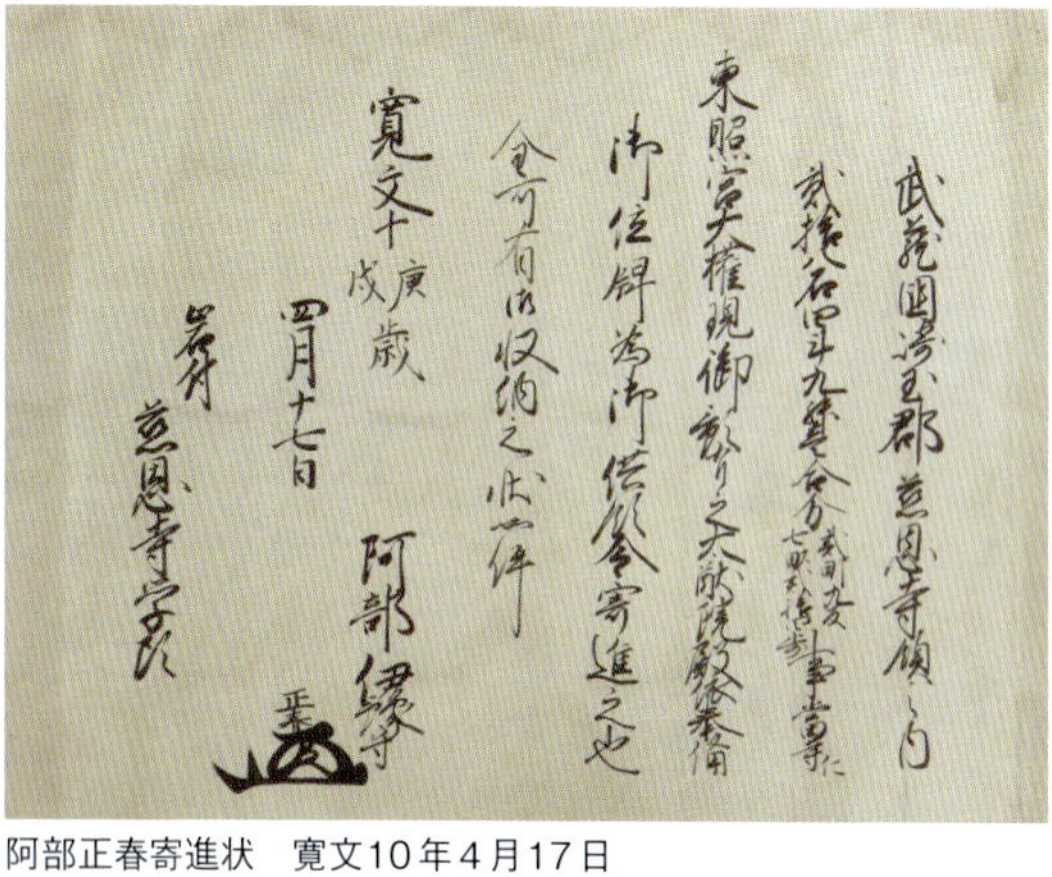
阿部正春寄進状　寛文10年4月17日

武蔵国太田庄　現在の新川過（にっかわ）用水路の流れる自然堤防に沿って流れる流路跡と古利根川・古隅田川に囲まれた地域。現在の羽生市・加須市・久喜市・さいたま市岩槻区・春日部市・白岡市・宮代町などの広範囲な地域に比定される。鎮守は鷲宮神社（久喜市鷲宮）。

学頭　一宗・一派の学事を統率、司る僧の役名。

阿部正春　（一六三七〜一七一六）岩槻藩第四代藩主。岩槻城の時の鐘を建造したことでも知られる。

絹本着色　徳川家康画像

も本堂とともに焼失したため、比叡山南光坊の本尊千手観世音を天海が寄進したものである。（「慈恩寺諸記録」）

寛文一〇年（一六七〇）四月に、岩槻藩主阿部正春が徳川家康画像と大猷院《だいゆういん》殿位牌供領として二八石余を寄進した。慈恩寺領は当時岩槻藩領で後に幕府領となる。

大猷院殿　三代将軍徳川家光（一六〇三～一六五一）。

本堂（観音堂）

本殿彫刻（大黒天と布袋尊）

玄奘塔遠景

日光社参と慈恩寺

徳川家康は元和二年（一六一六）四月一七日駿府《すんぷ》城にて病没した。遺骨は一時久能山《くのうざん》（静岡県静岡市）に葬られたが、遺言により翌三年に日光山に移され東《とう》照大権現《しょうだいごんげん》と称された。同年四月、第一回の日光廟《びょう》参詣が二代将軍秀忠《ひでただ》により執行されて、以後、一七回に及ぶ将軍の日光社参が行われることとなる。

日光社参の際の将軍の宿泊地の一つに往復とも岩槻城があたっていた。また慈恩寺は将軍の参詣道である日光御成道《おなりみち》の沿道にあったため、天候等の都合で将軍が岩槻城留めになった時は、慈恩寺に立ち寄ることがあった。『徳川実紀』には寛永一七年（一六四〇）四月二一日、三代将軍家光が日光からの帰路に岩槻城に泊まり、翌二二日雨天のため出立を延期し、慈恩寺に参詣して昼食をとったことが記されている。

また、慈恩寺は上野東叡山寛永寺門跡《うえのとうえいざんかんえいじもんぜき》を兼務していた日光御門主が、日光東照宮と寛永寺の往復の際に、しばしば訪れ宿泊した。寛永寺から日光へ寛永寺の門跡を兼務していた日光門主は往復の際（四・九・一一月）に慈恩寺に宿泊したが、その際に一〇〇人近い関係者の宿泊と接待を末寺と共に実施した。日光御門主来訪の様子を慈恩寺文書の元文元年（一七三六）の「宮様御成記録《みやさまおなり》」によりみてみよう。

■三月一一日

御門主一行が四月一二日に日光登山の途中に慈恩寺に立ち寄り、宿泊するとの知らせが届く。総勢は九八人、越ヶ谷より三ノ宮・平野・花積村・表慈恩寺村を通行するとのことで、慈恩寺では宿坊の

上野東叡山寛永寺　東京都台東区上野にある天台宗寺院寛永寺。日光山輪王寺門跡が住持する。増上寺とともに徳川将軍家の菩提寺となり、家綱・綱吉・吉宗・家治・家斉・家定の廟がある。

割り振りをはじめ、膳椀や茶道具など諸道具の調達、末寺への回章といった歓迎の準備に追われる。

■四月一二日

寛永寺を出立した御門主一行は、越ヶ谷から平野村を経て、長宮村にかねてから設けられていた御腰掛所《おこしかけじょ》で酒・茶等の接待を受けて小休止し、昼一二時頃、慈

平野村　現在のさいたま市岩槻区南平野。江戸時代は岩槻藩領。天保六年（一八三五）から一五年間岩槻宿の助郷役を命じられる。

現在の日光御成道と杉並木（さいたま市岩槻区相野原付近）

恩寺に到着する。その後、慈恩寺住僧と対面の上、御門主より銀一〇枚の礼金が贈られ、慈恩寺からは岩槻木綿三反が献上される。このほか慈恩寺末寺院の目通りが許され、各々の贈答品のやりとりが終わった後、御門主は水風呂に入り、昼食後、午後二時頃から本堂にて仏壇に参詣した。その後、池の端にあった上院亭《じょういんてい》で酒や吸物を飲みながら笛の演奏を楽しみ、日暮れ時になって夜食を取り、煎茶でくつろいでから、午後八時頃床に就いた。

■四月一三日

朝七時頃起床、煎茶を召し上がった後、八時頃朝食を取り、九時頃出立する。

このように、慈恩寺滞在中の日光門主に対する接待は大変な負担であった。往来に関する人馬の継立《つぎたて》も慈恩寺が行っており、周囲の村々もこれに協力を余儀なくされた。このことからみても一大事業であったことがわかる。

江戸時代の慈恩寺領

戦国時代の岩付（槻）城主太田資正の時に安堵《あんど》され六六坊もの塔頭《たっちゅう》を有していた広大な慈恩寺領は、その後天正一九年（一五九一）、徳川家康から百石の朱印地を賜ったが、うち四〇石余りは上野村西部の沖積地であった。やがて、天和二年（一六八二）になると寺領が三つに分かれ、その一つを慈恩寺の寺領をもって慈恩寺村とし、他はそれぞれ表慈恩寺村、裏慈恩寺村とされた。

六六坊の塔頭も、江戸時代になると、その多くが百姓地となり、文化・文政（一八〇四～一八三〇）期の塔頭は九坊を残すのみとなった。

長宮村　現在のさいたま市岩槻区長宮。平野村南東の古隅田川堤防上に位置し、江戸初期まで下総国葛飾郡に所属した。大光寺蔵の文明六年（一四七四）銘の渋江鋳物師作鰐口銘文から当地が中世は下河辺庄新方に属したことが知られる。

人馬の継立　人馬を宿場ごとに交代させて使用する制度。各宿場にはそのために人馬を提供する伝馬役が課されたほか、人馬継立を行う場として問屋場が設置された。

上野村　現在のさいたま市岩槻区上野。元荒川左岸、同川の支流である日川（にっかわ）右岸の沖積平野と慈恩寺台地に位置する。享保四年（一七一九）の「慈恩寺御朱印百石之所諸収納目録」（慈恩寺文書）には一〇〇石のうち四〇石の田畑が当村内にあったと記されている。

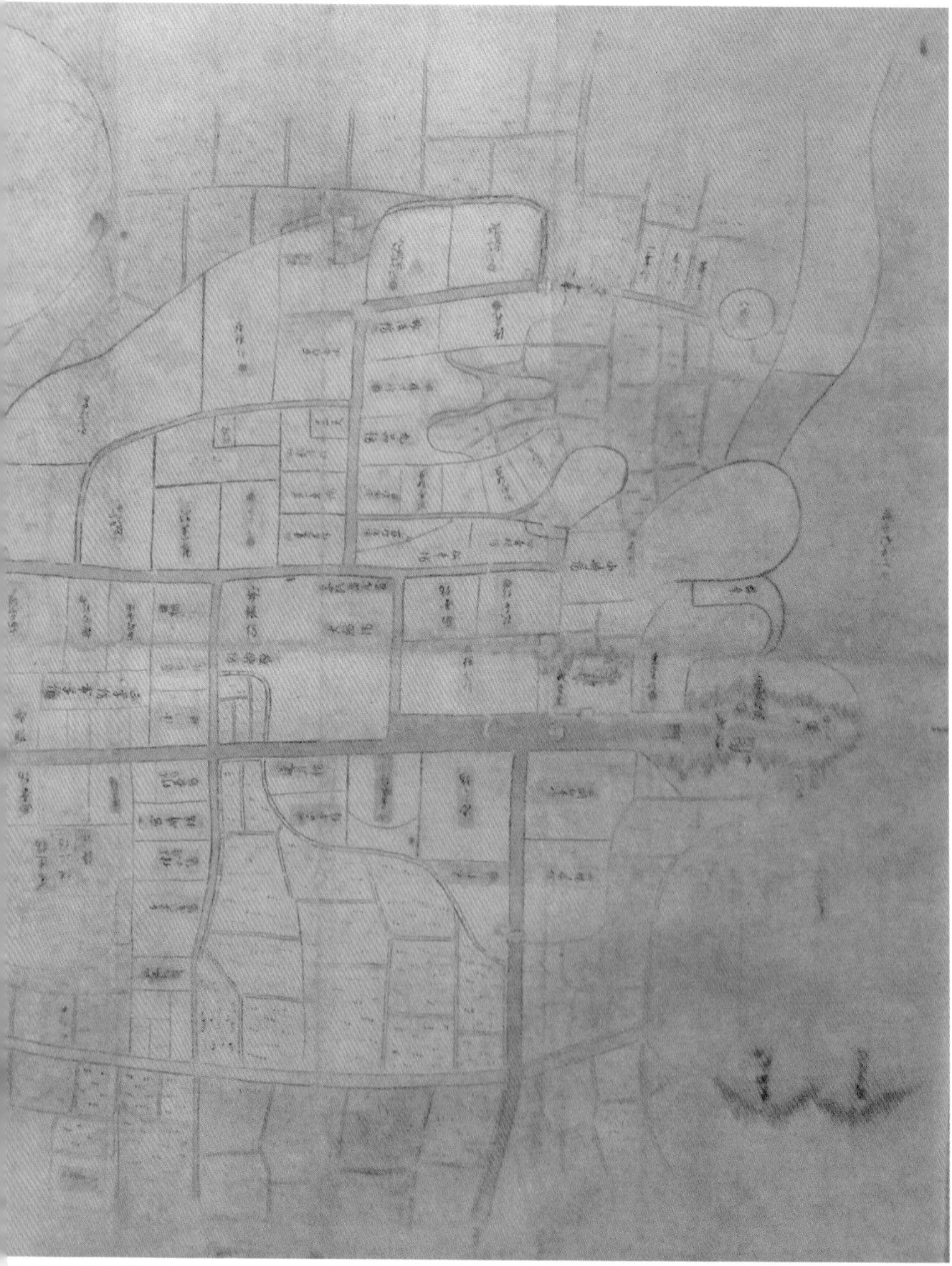

慈恩寺物絵図　元禄７年(1694) ８月

慈恩寺六十六坊

文政 11 年「慈恩寺六拾六坊跡字附」(飯田秀男家文書)
『岩槻市史　近世史料編Ⅳ　地方史料(下)』所収　より作成

No.	塔　頭　名				
1	桜本坊	34	山之坊	51	大学坊
2	池之坊	35	顕月坊	52	法泉坊
3	閼伽井坊	36	蓮王坊	53	日輪坊
4	東堂坊	37	東栄坊	54	大円坊
5	不動坊	38	藤井坊	55	浄月坊
6	妙光坊	39	法蓮坊	56	西音坊
7	幡ヶ崎坊	40	安養坊	57	光儀坊
8	放光坊	41	山口坊	58	西林坊
9	宮崎坊	42	覚日坊	59	松ヶ崎坊
10	善学坊	43	勧明坊	60	来迎坊
11	浄月坊	44	岩本坊	61	行読坊
12	性円坊	45	極楽坊	62	往記坊
13	大善坊	46	蓮花坊	63	円明坊
14	蓮明坊	47	安楽坊	64	津如坊
15	大円坊	48	常楽坊	65	禅那坊
16	三学坊	49	正学坊	66	竹長坊
17	遍照院(小崎坊)	50	応養坊	(67)	(浄門坊)
18	西円坊				
19	杉本坊				
20	松井坊				
21	円林坊				
22	九品坊				
23	勝月坊				
24	妙法坊				
25	源蔵坊				
26	教儀坊				
27	蓮台坊				
28	一乗坊				
27	行乗坊				
30	大乗坊				
31	浄泉坊				
32	座善坊				
33	学頭坊				

裏書によれば、本絵図は慶長年中の絵図の写に寛文期や元禄期の情報を加えて彩色し、寛永寺に提出したものであることがわかる。

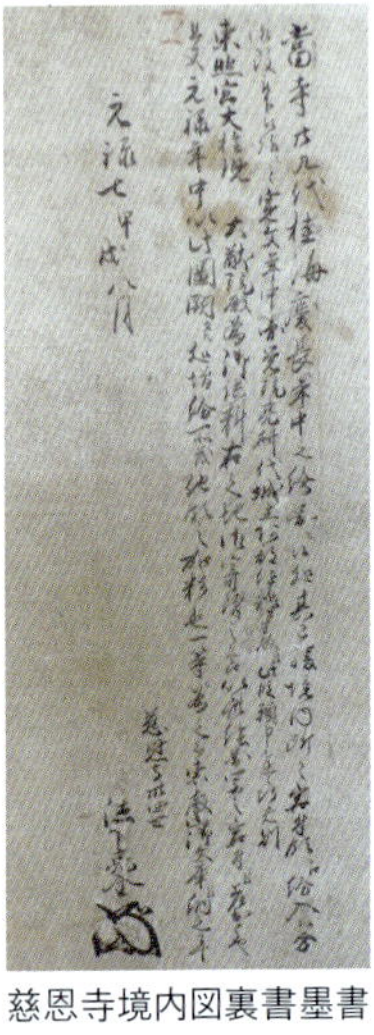

慈恩寺境内図裏書墨書

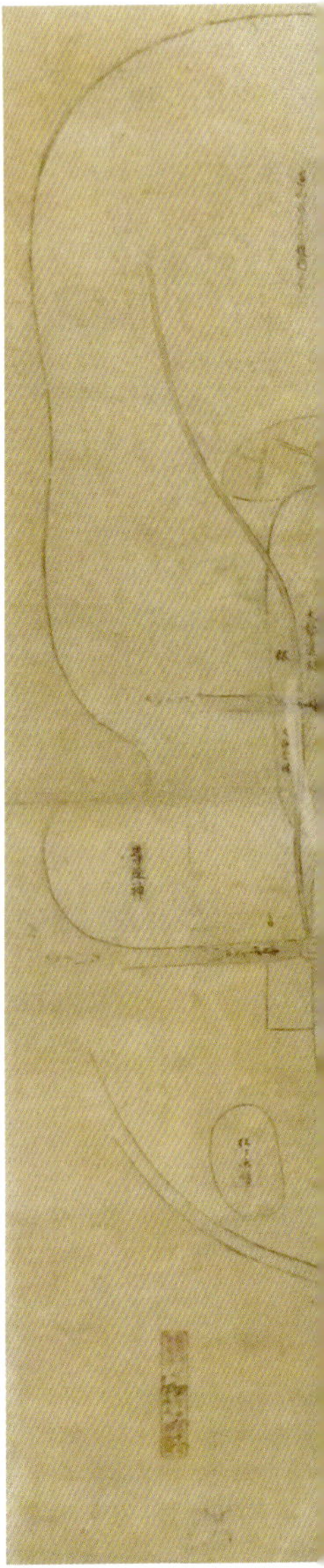

玄奘三蔵法師ゆかりの寺

玄奘三蔵法師《げんじょうさんぞうほうし》といえば、かの「西遊記《さいゆうき》」によって人々に親しまれている名僧であり、また経典を求めて、遠く天竺《てんじく》（インド）まで苦難の旅路を続ける法師を助けて妖怪相手に大活躍する「孫悟空《そんごくう》」は誰しもが知っているヒーローであろう。ところが、この仏教史上「玄奘以前に玄奘なく、玄奘以後に玄奘なし」とまでいわれた大偉人の霊骨が、慈恩寺に奉安されていることを知る人は意外に少ない。

第二次大戦のさなかの昭和一七年（一九四二）に、高森部隊により当時所在不明であった霊骨が南京郊外で発見され、昭和一九年盛大な奉安式が行われた際に、頂骨《ちょうこつ》の一部が、我が国に贈与されたもので、慈恩寺の開創が法師の建立した中国長安の大慈恩寺に起因していることにより、昭和二五年（一九五〇）に当地に奉安されることとなった。その後、霊骨は奈良の薬師寺と台湾の玄奘寺にも分骨されている。十三重の花崗岩《かこうがん》による玄奘塔は、三蔵法師の偉業にふさわしく立派なものである。

なお慈恩寺では、玄奘三蔵法師にちなんだ年間行事として、毎年、二月五日の

玄奘塔

玄奘三蔵法師　（六〇二～六六四）中国唐の僧。六二七年に長安を出発、インド全土を巡遊し、六四五年に梵文原典六五七部を持って帰国した。以後、長安の弘福寺や大慈恩寺で「大般若経」などを翻訳した。

南京　中国江蘇省の省都。明時代に北京に対して南京と称した。古来から軍事・政治の拠点として繁栄した。

命日に玄奘忌《げんじょうき》、五月五日のこどもの日に玄奘祭《げんじょうさい》をそれぞれ開催している。

玄奘忌では、玄奘塔で法要を行ったのち、玄奘塔への奉安六〇年を記念して平成二二年からは日没に玄奘塔の周囲を瞑《めい》想《そう》しながらゆっくりと廻る「日想経行《にっそうきんひん》」と奉拝行事を行っている。このとき、玄

玄奘祭

奘塔の周囲には蝋燭《ろうそく》が置かれ、日没が近づくにつれ幻想的な光景が浮かび上がる。玄奘祭では、孫悟空に扮《ふん》した八〇名もの子供たちが猪八戒《ちょはっかい》や沙悟浄《さごじょう》に先導されて、慈恩寺から玄奘塔まで練り歩く稚児行列《ちごぎょうれつ》が行われる。玄奘塔では、大般若経の転読《てんどく》が行われ、その後に参拝者に対して餅まきが行われる。

玄奘祭　大般若経転読

玄奘忌

玄奘祭　子供孫悟空

日想経行

慈恩寺七不思議

慈恩寺には、古来よりその伝承に「慈恩寺七不思議」というものがある。

その七つの不思議とは、①種なし李《すもも》、④谷《たに》越藤《ごえのふじ》、②十二天車《てんしゃ》、③白狐《びゃっこ》・三足雉子《みつあしきじ》、⑤浮夏島《うきのげしま》、⑥富士御影《みかげ》、⑦龍灯をいう。

種なし李とは、慈覚大師が日光山にて仏法弘道《ぶっぽうぐずう》の地を指示し給えと念じて投げた李がこの地に落ち、一夜の間に芽生え、葉を出し花を咲かせたことから、大師がここ慈恩寺を華林山《かりんざん》といったという。

また、十二天車とはこの地を大師が訪れた時、現れた老人より池に潜む赤龍退治を依頼され、その際に与えられた車であり、この老人が十二天であったことに由来する。慈恩寺に凶事がある時や、衆徒が終焉《しゅうえん》を迎える時に天に轟車《ごうしゃ》の音がするという。

白狐・三足雉子は、大師が先の十二天車に乗って池に向かった時に、先導したと伝える。このため、慈恩寺の村人は雉子を食べることを忌《い》むという。

仏法弘道　仏教を広く世に普及させること。

十二天　密教における方位の神々。八つの方位に上下（天地）・太陽と月の神を合わせたもの。帝釈天（東）・火天（南東）・閻魔天（南）・羅刹天（南西）・水天（西）・風天（北西）・毘沙門天（北）・伊舎那天（北東）・梵天（上）・地天（下）・日天（日）・月天（月）からなる。慈恩寺には、この十二天の画像が奉納されている。（30・31P）

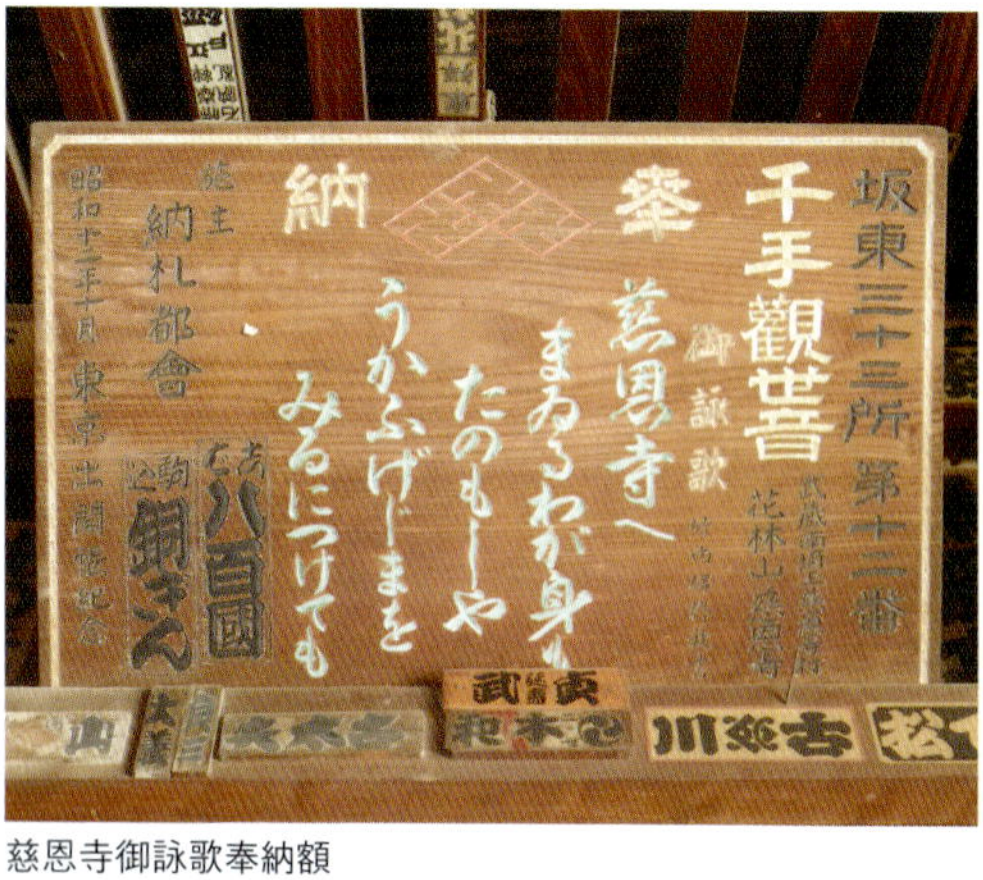

慈恩寺御詠歌奉納額

谷越藤とは、大師が池の対岸に渡ろうとした時に毘沙門天が出現して、藤を引っ張って渡したことによる。

浮夏島とは、大師が慈恩寺の鎮護《ちんご》のため、池にて三七日間不動護摩《ふどうごま》の秘法を行った時に、龍女が来てその功徳の得祝《とくしゅ》として夏島《げしま》を浮かべたといわれる。

富士御影とは、池の南に富士山の山影が映ることをいい、龍灯は、龍女が七つの夏島を浮かべた時に仏閣を輝かすものとして大師に捧げたものという。なお、この龍灯の話が二代目広重・三代目豊国（国貞）画、戯作者の万亭応賀の文により安政五年（一八五八）に開板された『観音霊験記』に描かれている。

このほか慈恩寺に伝わる巡礼者が口ずさむ御詠歌に「慈恩寺へ参る我が身もたのもしや、浮かぶ夏島を見るにつけても」がある。実際に、夏島は元禄七年（一六九四）の「慈恩寺物絵図」にも一部みえるので、この頃まであったことが確認される。

観音霊験記（複製） 歌川豊国・歌川広重画

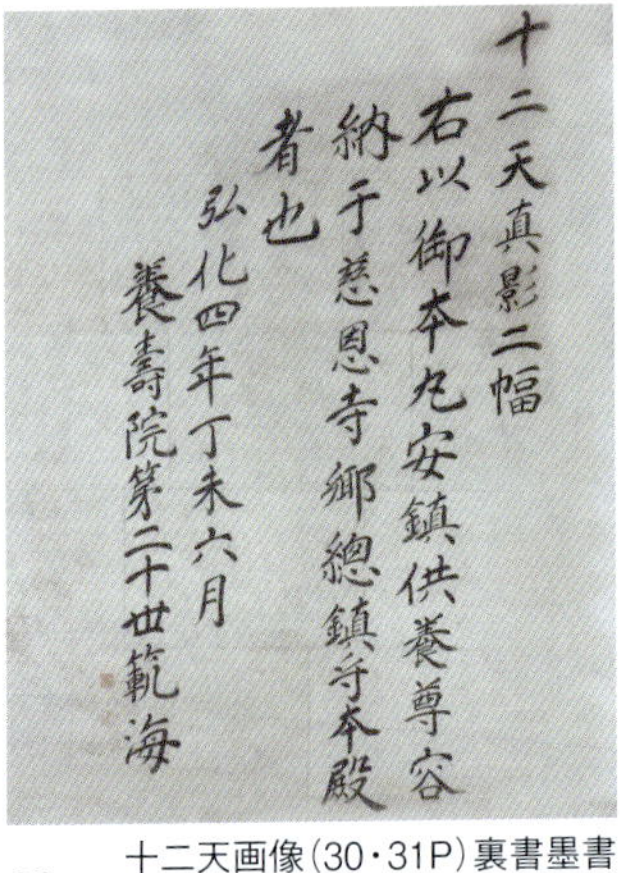
十二天真影二幅
右以御本丸安鎮供養尊容
納于慈恩寺郷總鎮守本殿
者也
弘化四年丁未六月
養壽院第二十世範海

十二天画像（30・31P）裏書墨書

絹本着色　総鎮守十二天画像（右）

絹本着色　総鎮守十二天画像（左）

本堂再建と平成の大修理

慈恩寺の本堂（観音堂）は寛永一一年（一六三四）に焼失、その後、再建されたが文政一一年（一八二八）七月三日に再び焼失した。翌一二年には再建のための勧化《かんげ》が実施されたことが「華林山《かりんざん》慈恩《じおん》寺《じ》本堂《ほんどう》再建《さいけん》勧化帳《かんげちょう》」（宮代町郷土資料館蔵）よりわかる。この時の再建勧化では、慈恩寺檀徒だけでなく、周囲の村々にも再建のための布施《ふせ》を依頼しており、中嶋村（宮代町）でも、名主以下三二名が三か年にかけて寄付している。

本堂は三たび天保七年に焼失し、再建された現在の本堂は、天保一四年（一八四二）の建立で寄棟造りであったが、昭和一二年（一九三七）の改修で入棟造りとなっている。また、現在の本堂は平成二七年春から二八年春にかけて七〇年ぶりの大修理が行われた。この平成の大修理によって再び輝きを取り戻した本堂は今日も多くの参詣客で賑《にぎ》わっている。

勧化帳　寄付を集める趣旨を記した帳面。勧進帳ともいう。

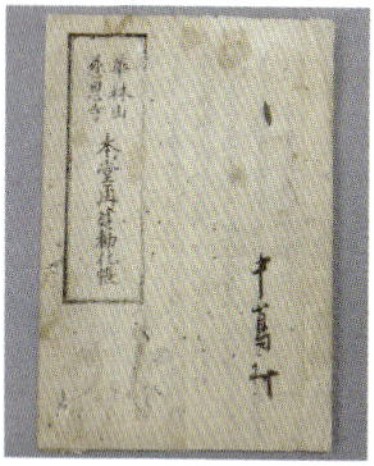

本堂再建勧化帳（中嶋村）

修理後の本堂

修理中の本堂屋根部分

慈恩寺落成慶讃法要記念写真

文化財と寺宝

建造物

○本堂（観音堂）　天保一四年建立。平成二九年四月に平成大改修の落慶法要実施。

○山門　幾多の火災の際にも焼け残った本坊の門。元禄四年（一六九一）建立と伝える。

○本坊　昭和六二年（一九八七）完成。

○開山堂　もと池の端にあった行堂を移したもの。堂内に慈覚大師像を安置。

○白馬堂　宝暦年間（一七五一～一七六四）奉納。

○上院権現社　秋大祭に法要が行われる。

彫刻・工芸品（境内）

○南蛮鉄灯籠　天正一七年（一五八九）伊達房実奉納。さいたま市指定文化財。

○銅造阿弥陀如来坐像　天和二年（一六八二）の江戸大火「八百屋お七の振袖火事」の被災者供養のため建立されたと伝える。

彫刻・工芸品（本堂内）

○獅子頭　幡ケ崎坊の僧侶が越後から伝えたもので関東ささら獅子舞の元祖という。かつては秋季例大祭の際に、この獅子頭を担いで檀家を廻る風習が行われていた。

○木造千手観世音菩薩坐像　慈恩寺の本尊。寛永年間に天海が比叡山から招来した。

○木造二十八部衆　本尊千手観音の従者である眷属《けんぞく》。天保年間（一八三〇～一八四四）の作と伝える。

○木造地蔵菩薩立造　室町時代の作。

○木造閻魔《えんま》大王坐像　貞享五年（一六八八）の墨書銘あり。

○木造奪衣婆《だつえば》像　元禄八年（一六九五）の作。

○本堂天井龍図　本堂の天井に描かれた巨大な龍図。絵師は狩野寿信《としのぶ》。

獅子頭

上院権現社

銅造阿弥陀如来坐像

○慈恩寺物絵図　元禄七年（一六九四）八月に作成された。
○木造広目天立像　鎌倉時代の作と伝える。
○絹本着色《けんぽんちゃくしょく》徳川家康画像　寛文一〇年（一六七〇）に岩槻城主阿部正春が徳川家光の位牌とともに供領を奉納。
○今上皇帝代々尊儀　二代将軍秀忠（台《だい》徳院《とくいん》）から一一代将軍家斉《いえなり》（文恭院《ぶんきょういん》）までの将軍家と天皇家の名前を列記。
○絹本着色十二天画像　弘化四年（一八四七）六月奉納。
○慈恩寺文書　戦国時代の岩付（槻）城主太田資正判物をはじめ徳川家康寄進状、慈恩寺法度など中世～近代にわたる古文書五一八点が市指定文化財。

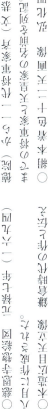

木造二十八部衆

本堂天井龍図

今上皇帝代々尊儀

木造広目天立像

慈恩寺の年中行事

元旦～三日　初詣
一月一五日　お焚《た》き上げ
二月五日　玄奘忌・日想経行
四月八日　花祭り
五月五日　玄奘祭
八月九・一〇日　四万六千日
（この日に詣でると四万六千日分詣でたことと同じご利益がある。慈恩寺の夏祭りでもあり、盆踊りが奉納される。）
一一月一六・一七日　秋大祭
（上院権現社法要《じょういんごんげんしゃほうよう》）
（観音堂をスタートし、慈恩寺に隣接する上院権現社まで法螺貝を吹く僧侶を先頭に慈恩寺住職を含め一一名の本末寺院の僧侶が練り歩く。権現社では、堂内で毘沙門天の法要が行われる。昭和初期までは本堂前に市が立ち正月用品や御札が売られた。この日に新嫁が姑とともに赤飯を奉納して参詣する風習があった。）
一二月三一日　除夜の鐘

正月護摩祈祷

お焚き上げ　正月飾りや達磨、お守り、お札などを燃やす行事。毎年小正月の時期に行われる。

護摩祈祷　天台密教秘伝の修法で、不動明王の前で護摩木を焚いて、厄や災いを払い諸願成就を祈る。慈恩寺では毎年正月三が日をはじめ、年中行事の中で行われる。

四万六千日の盆踊り

初詣

秋大祭（上院権現社法要）

お焚き上げ

除夜の鐘

花祭り